VENTE
du Lundi 20 Janvier 1908
HOTEL DROUOT — SALLE N° 11

EXPOSITION PUBLIQUE
Le Dimanche 19 Janvier 1908

*Collection de M. X****

ANCIENNES

Faïences de Perse

DES

XIIIME, XIVME, XVME ET XVIME SIÈCLES

ANCIENNES PORCELAINES

DE

l'Extrême-Orient

Me CHARLES DUBOURG
COMMISSAIRE-PRISEUR

M. ARTHUR BLOCHE
EXPERT PRÈS LA COUR-D'APPEL

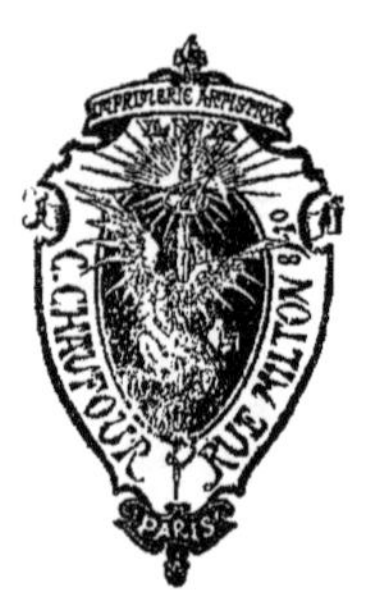
C. CHAUFOUR
RUE MILTON 8
PARIS

CATALOGUE

DES

ANCIENNES FAIENCES de PERSE

DES

XIIIme, XIVme, XVme & XVIme SIÈCLES

VASES, PLATS, COUPES, GARGOULETTES, AIGUIÈRES, BOUTEILLES

Plaques Tombales et de Revêtement

A REFLETS MÉTALLIQUES ET A DÉCOR EN RELIEF

ANCIENNES PORCELAINES

de Perse, de Chine, de l'Inde et du Japon

COUPES, BOLS, COMPOTIERS, PLATS, VASES, VERSEUSES

Ancienne Verrerie Persane

FORMANT LA COLLECTION DE M. X***

ET DONT LA VENTE AURA LIEU

HOTEL DROUOT — SALLE Nº II

Le Lundi 20 Janvier 1908

A 2 HEURES 1/4

Me Charles DUBOURG	M. Arthur BLOCHE
COMMISSAIRE-PRISEUR	EXPERT PRÈS LA COUR D'APPEL
11, Rue Sainte-Anne, 11	*52, Rue de Châteaudun, 52*

EXPOSITION PUBLIQUE

Le Dimanche 19 Janvier 1908, de 2 à 5 heures 1/2

CONDITIONS DE LA VENTE

Elle sera faite au comptant.

Les acquéreurs payeront *dix pour cent* en sus des enchères.

L'exposition permettant au public de se rendre compte de l'état et de la nature des objets, il ne sera admis aucune réclamation une fois l'adjudication prononcée.

DÉSIGNATION

ANCIENNES FAIENCES

PERSANES

1 — Coupe ronde, décor gros bleu à l'extérieur, fond blanc à l'intérieur, dessin à reflets métalliques, xve siècle.

2 — Bol, décor à ornements à l'intérieur comme à l'extérieur, à reflets métalliques sur fond crème, xve siècle.

3 — Petit plat, décor à reflets métalliques, au revers comme à l'extérieur, sur fond blanc, xve siècle.

4 — Petit plat, décor à palmes et feuillages ; au revers dessin à arabesques à reflets métalliques, xve siècle.

5 — Petit plat, décor à feuillages et ornements, au revers dessin analogue à reflets métalliques, xve siècle.

15 — Aiguière à gorge évasée avec compartiment intérieur ajouré, anse en forme de cygne trouée dans le haut pour recevoir le liquide, décor en bleu à rosaces, semis de fleurs et de feuillage, XVIe siècle.

16 — Aiguière de forme élégante, l'orifice en forme de demi lune, décor gros bleu uni, XVIIe siècle.

17 — Bouteille à col élancé, décor bleu turquoise craquelé sous couverte, XVIIe siècle.

18 — Bouteille à panse conique décor en polychrome à fleurs et oiseaux, XVe siècle (goulot rapporté).

19 — Vase à panse sphérique en terre décorée et émaillée offrant des dessins en noir sur fond bleu clair, présentant sur certaines parties des traces d'irisations, provenant de fouilles. Pièce curieuse, XIIe siècle.

20 — Petit pot à anse en terre vernissée et marbrée fond gros bleu, présentant sur certaines parties des reflets nacrés, XIIe siècle.

21 — Aspergeoir sans goulot forme sphérique fond brun, avec petites rosaces en relief et légères traces d'irisation, XIIe siècle.

22 — Petite urne en terre offrant des traces d'irisation, XIIe siècle.

23 — Gros vase en terre offrant comme décor des vestiges de couverte verte à reflets d'or et d'irisation, orné de trois anses, incomplet, le bas et le fond de la panse manquent, attribué au xe siècle.

24 — Deux petites lampes en terre avec couverte à irisation, xiie siècle.

25 — Jardinière ronde à panse renflée et surbaissée, décor en brun sur fond vert clair, offrant des inscriptions et des bandes superposées avec petits médaillons ovales à herbages, l'intérieur présente au fond un oiseau et sur le bord des inscriptions.

26 — Bouteille sans col, décor postérieur à la pâte à rehauts d'or; personnages, paysages et ornements, xvie siècle.

27 — Lampe à deux étages à sept branches et à trois branches, fond vert décor en brun, xvie siècle.

28 — Gargoulette, décor en bleu sur blanc par compartiments à personnages, à fleurs et oiseaux, époque de l'apparition des décorateurs chinois en Perse, xvie siècle.

29 — Petite gourde, décor fond brun et en bleu sur blanc, xviie siècle.

30 — Vase à cinq goulots, décor à médaillons et entrelacs feuillagés en bleu sur blanc, xvie siècle.

31 — Pot à anse, décor à chimères et fleurs en bleu sur blanc, xvie siècle.

32 — Grande potiche décor à paysages en bleu et brun, xvie siècle.

33 — Bouteille à col allongé, décor par rayons à personnages et paysages, xviie siècle.

34 — Vase décor à quadrillés et fleurs en bleu imbriqué de brun, xvie siècle.

35 — Petite lampe de forme curieuse, décor en bleu sur blanc, xve siècle.

36 — Petite verseuse à décor marbré, lapis lazuli orné de trois anses à torsades, xvie siècle.

37 — Vase vernissé brun et craquelé avec ornements et taches en bleu, xve siècle.

38 — Vase décor à fleurs et rosaces sur fond bleu avec bandes à fond orange, xvie siècle.

39 — Vase décor par bandes à jetées de fleurs et rayures en bleu imbriqué de brun, xvie siècle.

40 — Vase décoré de gerbes de fleurs en bleu cerclé de brun, XVIe siècle.

41 — Vase décor en bleu motifs décoratifs comme armorié avec bandes à arabesques en bleu imbriqué de brun, XVIe siècle.

42 — Vase à cinq goulots, décor en bleu uni craquelé sous couverte, XVIIe siècle.

43 — Porte-bouquet forme côtelée, fond vert réséda, XVIe siècle.

44 — Petit vase, décor en bleu sur blanc à fleurs et feuillages, XVIIe siècle.

45 — Récipient de narghilé, forme ovoïde en blanc d'une grande finesse de pâte, XVIIe siècle.

46 — Petit vase brun violacé uni, XVIIe siècle.

47 — Lampe fond vert et herbages bruns, XVIIe siècle.

48 — Crachoir à panse violacée, parties blanches et bleues réservées, col fond blanc, décor bleu, XVIe siècle.

49 — Vase octogonal surbaissé, décor en bleu sur blanc à rosaces fleuries et herbages, dessous on lit une inscription, XVIe siècle.

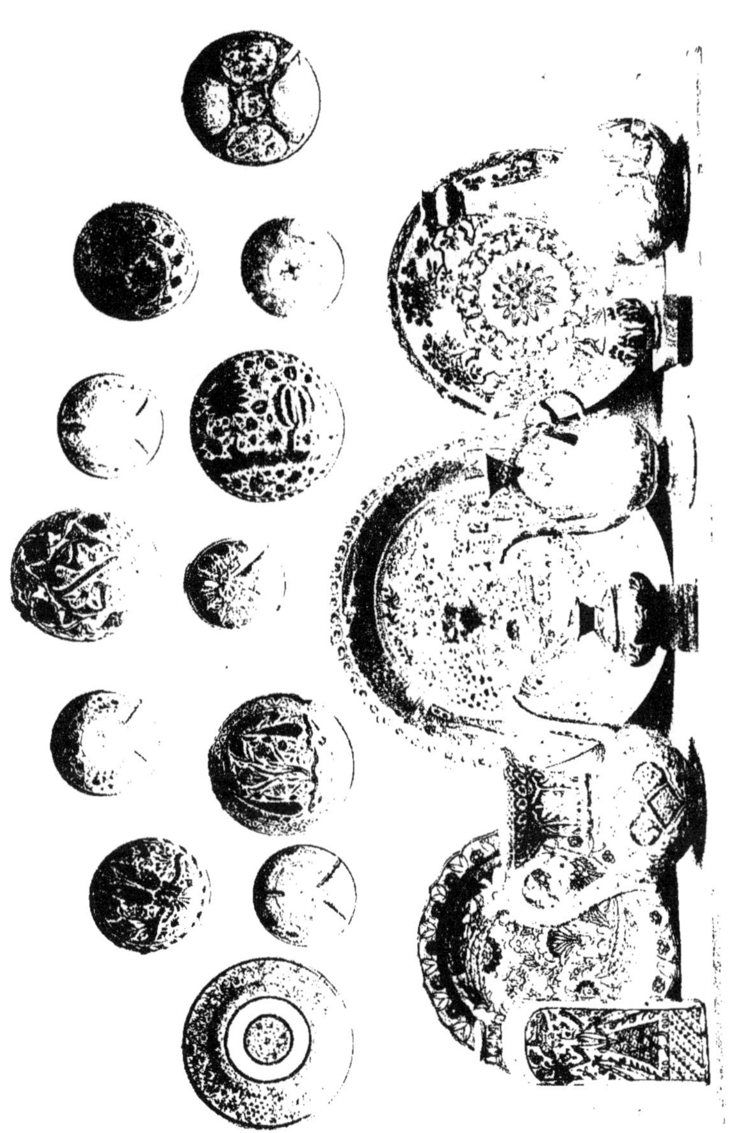

50 — Deux petits vases à décor bleu, dessins variés sur fond blanc et sur fond gris, XVIe siècle.

51 — Deux petits vases, un fond gris craquelé, l'autre fond blanc, décor bleu à arabesques et feuillages, XVIe siècle.

52 — Deux petites lampes décor en bleu sur fond jaunâtre, XVIe siècle.

53-54 — Quatre oiseaux, décor bleu sur blanc, XVIIe siècle.

55 — Deux petites jardinières forme bateaux, décor en bleu sur blanc, XVIIe siècle.

56 — Deux salières doubles, décor bleu sur blanc varié, XVIIe siècle.

57 — Petit vase, décor à feuillages bleus imbriqués de brun, XVIe siècle.

58-59 — Quatre pièces : petits vases, coupe et aspergeoir, décor bleu et polychrome, XVIIe siècle.

60 — Vase cylindrique en terre provenant de fouilles. Époque primitive.

61 — Vase en terre, décor par enlevage. Époque primitive.

62 — Bouteille forme gourde, décor à rosaces en bleu sur blanc, XVIe siècle.

63 — Trois petits vases de formes variées, décor en bleu, XVIIe siècle.

64 — Aiguière en terre noire, décor à fleurs et oiseaux en polychrome, XVIIIe siècle.

65 — Très grande coupe ronde, riche décor par rayons à l'intérieur comme à l'extérieur, à ornements, fleurs quadrillés sur fond blanc craquelé, XVIe siècle.

66 — Coupe ronde à parties ajourées, décor en bleu intérieurement comme extérieurement, XVIe siècle.

67 — Coupe ronde offrant en bleu sur blanc à l'extérieur des branches de fleurs et de feuillages, à l'intérieur un bouquet au centre et des médaillons fleuris autour, XVIe siècle.

68 — Coupe ronde en partie ajourée, décor extérieur et intérieur en brun imbriqué de bleu. (Restaurée), XVIe siècle.

69 — Grand bol, décor truité en bleu sur blanc, XVIe siècle.

70 — Coupe circulaire forme concave, parties ajourées, décor en bleu sur blanc à ornements offrant au centre à l'intérieur un tigre formant aquamanile, XVIe siècle.

71 — Bol dessins à compartiments, parties ajourées, fond blanc sous arceaux fond bleu imbriqué de brun, xve siècle.

72 — Bol décor en bleu, offrant une suite de médaillons, xvie siècle.

73 — Petit bassin circulaire, parties ajourées, décor en bleu et brun à rayons et médaillons, avec tête d'oiseau se détachant au centre en hauteur, xvie siècle.

74 — Grande potiche, décor par compartiments à fond bleu et à fond jaune à fleurs avec bande circulaire fond rose, xvie siècle.

75 — Grand vase forme originale, décor en bleu. sur blanc, xve siècle.

76 — Grand vase orné d'anses autour de la gorge, décor bleu sur blanc, xvie siècle.

77 — Grand vase, décor bleu sur blanc, xvie siècle.

78 — Vase de grande dimension, décor bleu sur blanc, xvie siècle.

79 — Grand plat rond, décor en bleu à personnages, maisons, arbres et fleurs. xvie siècle.

80 — Plat rond, décor à grandes fleurs en bleu sur blanc. xviie siècle.

81 — Plat rond offrant des fleurs en polychrome. XVIIe siècle.

82 — Dix soucoupes anciennes, décors variés en bleu sur blanc.

83 — Autel portatif, fond bleu turquoise, offrant tout autour des idoles en bas-relief. Epoque primitive.

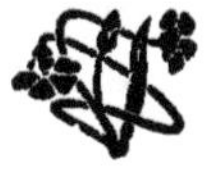

PLAQUES DE REVÊTEMENT

84 — Grande plaque forme archaïque représentant en bas-relief la façade d'une mosquée d'Ispahan en blanc sur fond bleu, autour on lit une inscription du Coran et la date 722 de l'Hédjire. Commencement du xive siècle.

85 — Plaque tombale, décor à reflets métalliques à inscription indiquant qu'elle ornait le tombeau d'un descendant de prophète. Commencement du xive siècle.

86 — Plaque tombale indiquant par les objets symboliques et les inscriptions qu'elle ornait le tombeau d'un fils du ministre de Chah Abbas, chef guerrier. xviie siècle.

87 — Plaque de revêtement rectangulaire offrant en bas-relief et à reflets métalliques, un oiseau de paradis. xvie siècle.

88 — Plaque de revêtement offrant en bas-relief en bleu, vert et mordoré à reflets métalliques, une inscription koufik. xive siècle.

89 — Fragment de plaque de revêtement, offrant en bas-relief sur fond mordoré imbriqué de bleu et à reflets métalliques, une salamandre au milieu de nuages. xvie siècle.

90 — Fragment de plaque de revêtement offrant en bas-relief en bleu, vert et mordoré, une inscription et des ornements à reflets métalliques. XIVe siècle.

91 — Plaque forme étoile, décor à reflets métalliques à semis de trèfles et de feuillages, bordure fond bleu avec inscription. XVIe siècle.

92 — Deux petites plaques. forme pendeloques, décor polychrome à reflets métalliques. XVIe siècle.

93 — Petit fragment triangulaire fond bleu, décor brun à reflets. XVIe siècle.

94 — Petit fragment, décor dit miniature, en polychrome. XVIe siècle.

95 — Deux plaques, une carrée, l'autre hexagonale, à reflets métalliques. XVIe siècle.

96 — Deux autres forme hexagonale à reflets métalliques. XVIe siècle.

97 — Six fragments à reflets métalliques. XVIe siècle.

98 — Deux plaques forme étoiles fond bleu à fleurs XVIe siècle.

99 -- Cinq fonds de plats à reflets métalliques. XVe siècle.

100 — Nombreux fragments à décors variés.

101 — Plaque carrée représentant le plus grand lutteur de la Perse combattant un démon, décor polychrome.

102 — Plaque fond blanc offrant en bas-relief une inscription koufik avec autre inscription sur les caractères. XIIIe siècle.

PORCELAINE

DE L'EXTRÊME-ORIENT

103 — Grand vase en ancienne porcelaine de Chine, décor à médaillons, paysages et fleurs en bleu sur blanc.

104 — Flacon cylindrique en ancienne porcelaine de Chine, décor d'oiseaux de paradis, de branchages fleuris en bleu sur blanc.

105 — Gourde en vieux Chine, forme éléphant, décor bleu sur blanc.

106 — Gourde en vieux Chine, forme grenouille portant un vase, décor bleu sur blanc.

107 — Gargoulette en vieux Chine, panse côtelée, décor bleu sur blanc.

108 — Petite momie en terre émaillée d'Egypte et petit flacon en verre irisé antique.

109 — Plat rond en vieux Chine, décor en bleu, paysage avec animaux.

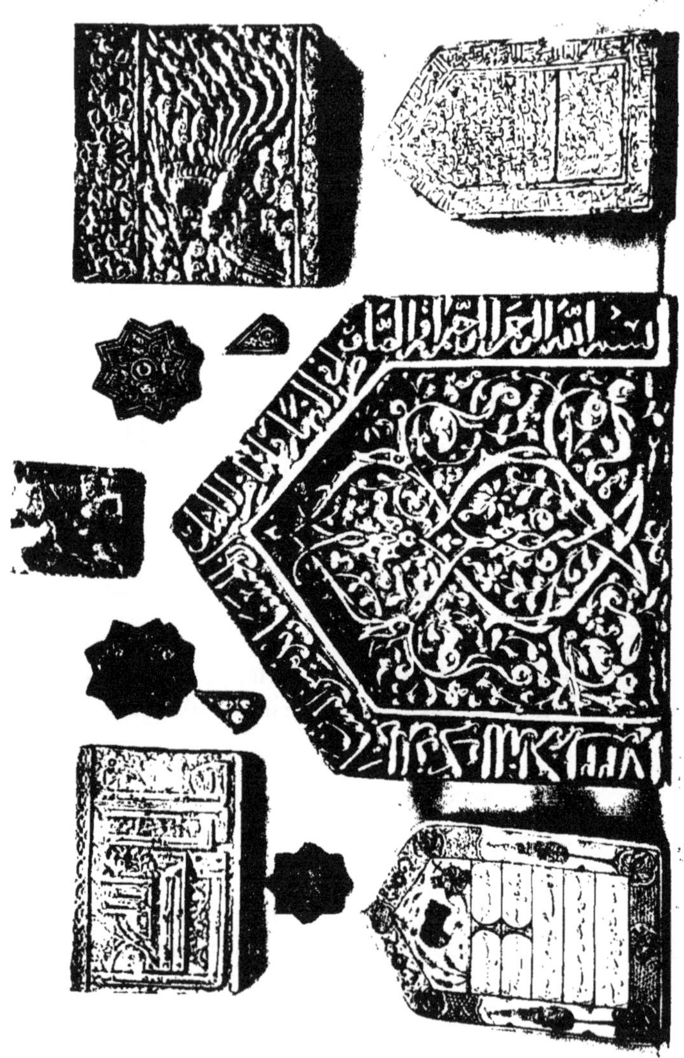

110 — Plat vieux Chine, famille rose, décor à jardinière fleurie, bordure à guirlandes de fleurs et de fruits.

111 — Trois compotiers en ancienne porcelaine de l'Inde, décor varié à fleurs et guirlandes.

112 — Deux assiettes de Chine, bordure fond d'or à fleurs et oiseaux.

113 — Trois assiettes de l'Inde, bordures à festons quadrillés et fleurs.

114 — Deux assiettes de l'Inde, décor bouquets de fleurs.

115 — Cinq assiettes de l'Inde à décors divers.

116 — Six assiettes de Chine et de l'Inde, décor à fleurs, motifs variés.

117 — Trois assiettes coréennes, décor à fleurs.

118 — Deux petites assiettes de l'Inde, décor fleurs, guirlandes et truité rose.

119 — Deux assiettes de Chine, décor polychrome fleurs et cachets.

120 — Deux assiettes persanes anciennes, décor l'une à semis de fleurs et oiseaux, l'autre à fleurs et oiseaux avec inscription au centre.

121 — Deux petits compotiers de Chine décorés l'un de médaillons à oiseaux et inscription arabe sur fond d'or à fleurs et papillons, l'autre à fleurs, bordure à carrelage d'émaux bleu turquoise à goutelettes.

122 — Trois soucoupes anciennes de l'Inde, décors variés.

123 — Deux soucoupes anciennes de Perse, décor à inscription, bordure à fleurs, oiseaux, polychrome et or.

124 — Quatre soucoupes de Chine, décor fond blanc à guirlande et écussons en sopra-bianco et deux à fleurs, bordure mosaïque.

125 — Coupe et plateau en vieux Chine, fond gros bleu pointillé d'or, médaillons et bordures à fleurs et papillons.

126 — Coupe et plateau en ancienne porcelaine de l'Inde, décor à fleurs et guirlandes polychrome sur fond d'or avec inscription au centre indiquant que ces deux pièces ont été commandées par Mochirmolk, ministre de Perse.

127 — Petite coupe et petit plateau, même porcelaine et même décor.

128 — Deux coupes de différentes dimensions, même porcelaine et même décor.

129 — Grande coupe vieux Chine, décor à rosaces fleuries en bleu sur blanc (fêlée).

130 — Coupe en vieux Chine, décor à cigognes au milieu de nuages, bordure à arabesques en bleu sur blanc (fêlée).

131 — Coupe en vieux Japon, décor bouquets de fleurs polychrome et or (restaurée).

132 — Grande coupe en vieux Japon, fond bleu et or, médaillons à fleurs en rouge et or (restaurée).

133 — Coupe ancienne de Perse, décor bouquets de fleurs, parties gros bleu et fleurettes (fêlée).

134 — Grand bol persan, décor à fleurs, bordure fond d'or avec inscription indiquant qu'il fut commandé par un prince impérial.

135-136 — Quatre bols anciens de l'Inde, décor bouquets de fleurs, bordure bleue pointillée d'or. (Sera divisé.)

137 — Coupe en vieux Chine, famille des Indes, fond gros bleu vermiculé d'or, médaillon à fleurs.

138 — Coupe ancienne de Perse à fleurs, feuillages et entrelacs bleus.

139 — Bol en vieux Chine, décor à bandes gros blen et fond blanc à fleurs (fêlé).

140 — Bol ancien de l'Inde, décor à fleurs et ornements.

141 — Bol ancien du Japon, fond capucine, intérieur à fleurs.

142 — Théière de Perse ancienne, décor à fleurs, feuillages en polychrome.

143 — Sucrier à deux anses ancien de Perse, décor dans le même goût.

144 — Coupe à sacrifice ancienne de Perse, décor dans le même goût.

145 — Deux vases anciens de Perse, décor à fleurs en polychromes et médaillons encadrés de bleu.

146 — Deux petits bols, mème porcelaine et décor analogue.

147 — Six petits bols à café en vieux Chine, décor à semis de feuillages bleu et or.

148 — Deux pots à crême anciens de l'Inde, décor à fleurs.

149 — Quatre zarfins, décor à fleurs, de Perse.

VERRERIE

150 — Aiguière ancienne de Perse en verre, panse à saillies.

151 — Bouteille ancienne de narghilé persan, offrant à l'intérieur un bouquet de fleurs en verre polychromé. Pièce curieuse et rare.

152 — Bouteille ancienne de Perse offrant une fleur à l'intérieur.

153 — Petite aiguière ancienne de Perse, forme élégante à gorge évasée avec anse et coulant à tortillons gros bleu uni.

154 — Aspergeoir ancien de Perse verre gros bleu uni.

155 — Gourde à goulot recourbé, avec anneau à jour verre gros bleu.

156 — Flacon verre ancien de Perse, décor en relief ceps de vigne et portail.

157 — Gourde à panse aplatie ancienne de Perse, ton vert uni.

158 — Oiseau en albâtre orientale finement évidée è l'intérieur et formant flacon.

159 — Objets omis.

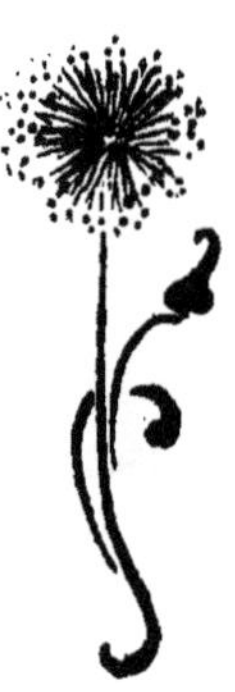

www.ingramcontent.com/pod-product-compliance
Ingram Content Group UK Ltd.
Pitfield, Milton Keynes, MK11 3LW, UK
UKHW021036260726
13994UKWH00005B/2192